DAS LEBEN IN EINEM KREIS

Text und Illustrationen © 2025 by Eleonora Marton
Veröffentlicht in Vereinbarung mit Debbie Bibo Agency
Buchgestaltung: Eleonora Marton

Der Verlag HELVETIQ wird vom Bundesamt für Kultur mit einem Strukturbeitrag für die Jahre 2021–2025 unterstützt.

DAS LEBEN IN EINEM KREIS

Originaltitel: A Hole in the Whole
Text und Illustrationen: Eleonora Marton
Grafik: Eleonora Marton
Übersetzung aus dem Englischen: Boris Kenov
Lektorat: Myriam Sauter
Korrektorat: Ulrike Ebenritter

ISBN: 978-3-03964-109-3
1. Auflage: Oktober 2025
Hinterlegung eines Pflichtexemplars in der Schweiz: Oktober 2025
Gedruckt in der Tschechischen Republik

Produktsicherheitsverordnung (GPSR)
Verlag/Hersteller: Helvetiq Verlag AG
Mittlere Straße 4, 4056 Basel, Schweiz, info@helvetiq.ch
In der EU: Agorando Technologies GmbH
An der Südspitze 1–12, 04571 Rötha, Deutschland,
info@agorando.com

HEL·VETiQ helvetiq.com

MIX
Papier aus verantwortungsvollen Quellen
FSC® C014138
FSC www.fsc.org

DAS LEBEN IN EINEM KREIS

ELEONORA MARTON

ÜBERSETZT VON BORIS KENOV

EINE SOMMERSPROSSE
AUF DER WANGE

EIN FUSSEL AUF DEM ÄRMEL

EIN SANDKORN AUF DEM STRANDTUCH

DIE MURMEL IM SAND

EINE SORGE
IN MEINEM KOPF

EIN KONFETTI
AUF DEM BODEN

DER MOND
IN DER NACHT

DER KNOPF
AN MEINER MANSCHETTE

EIN KÄFER
AUF EINEM BLATT

UNSER PLATZ IM WELTRAUM

EIN MOTTENLOCH
IM PULLOVER

EINE PILLE
IN MEINER HAND

EIN MINZBONBON
IN MEINER TASCHE

EIN FARBFLECK
AUF DEM BODEN

DIE EINS
AUF EINEM WÜRFEL

EIN LOCH IM GANZEN

DER KOPF
EINES NAGELS

DIE MÜNZE
IN MEINER HOSENTASCHE

EIN MARSHMALLOW
IN MEINEM KAKAO

HUNDEKAKA IM SCHNEE

EIN KAUGUMMI AN MEINER SCHUHSOHLE

EIN STEIN
IN MEINEM SCHUH

DER ERSTE REGENTROPFEN
AUF DEM BODEN

DER LETZTE KEKS
AUF EINEM TELLER

EINE KARTOFFEL
IN DER ERBSENSUPPE

EINE ERBSE
IN DER KARTOFFELSUPPE

DER FOKUS
DIESER SEITE

EIN BONBON
AUF MEINER ZUNGE

EINE INSEL
IM OZEAN

EIN SONNENSCHIRM
AM STRAND

EIN BAUMSTUMPF
IM WALD

EIN LOCH
IM ZAUN

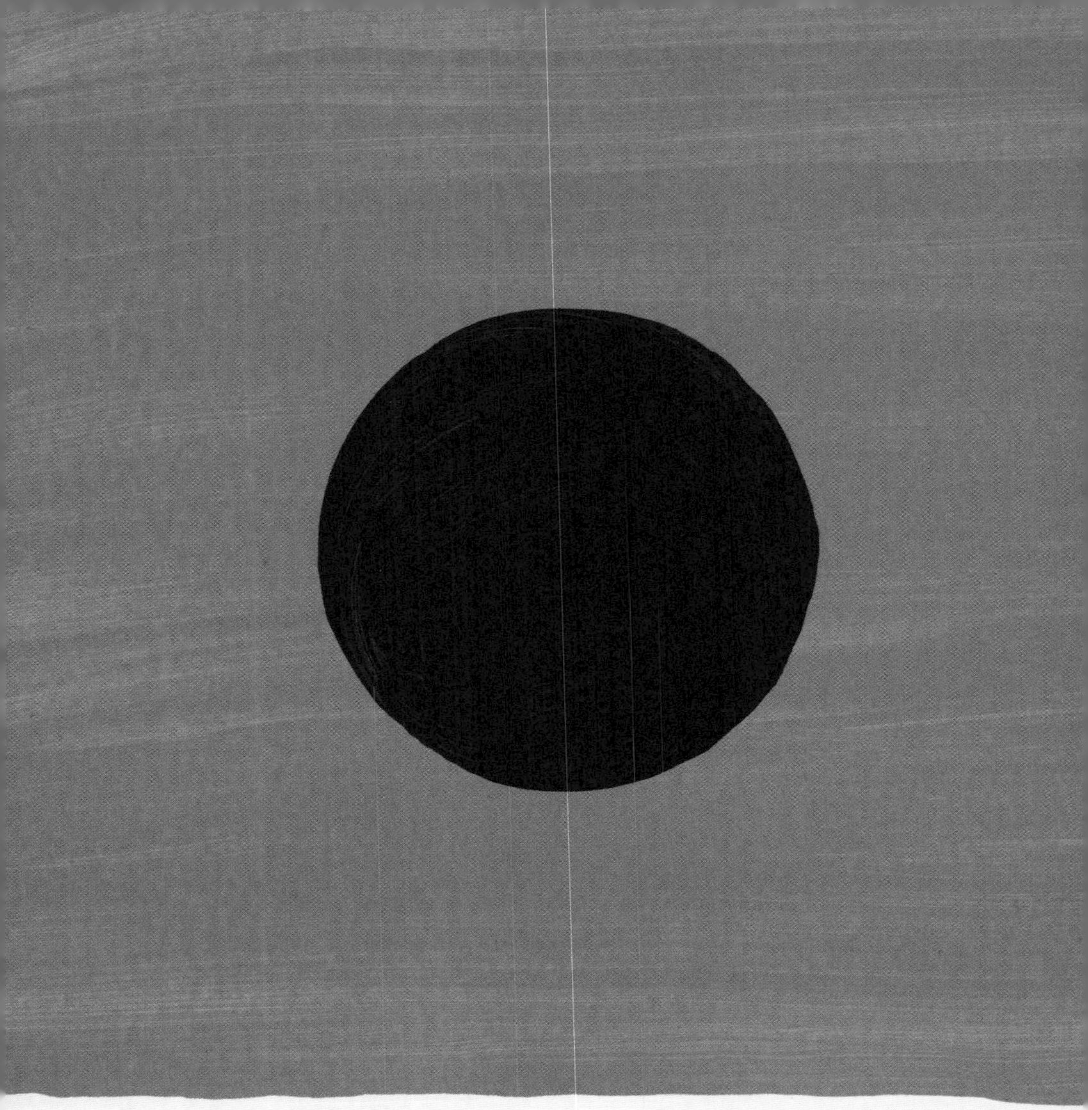

DER KNAUF
DEINER TÜR

DEINE TÜR
DURCH MEIN GUCKLOCH

DER STOPP-KNOPF DER MASCHINE

EIN BLAUER KREIS
IN EINEM ROTEN QUADRAT

EIN KREIS
IM VORDERGRUND

EIN KREIS
IM HINTERGRUND

EIN NEST
IM BAUM

EIN EI
IM NEST

DER EINGANG DES TUNNELS

DAS LICHT AM ENDE DES TUNNELS

DIE PUPILLE
DEINES AUGES

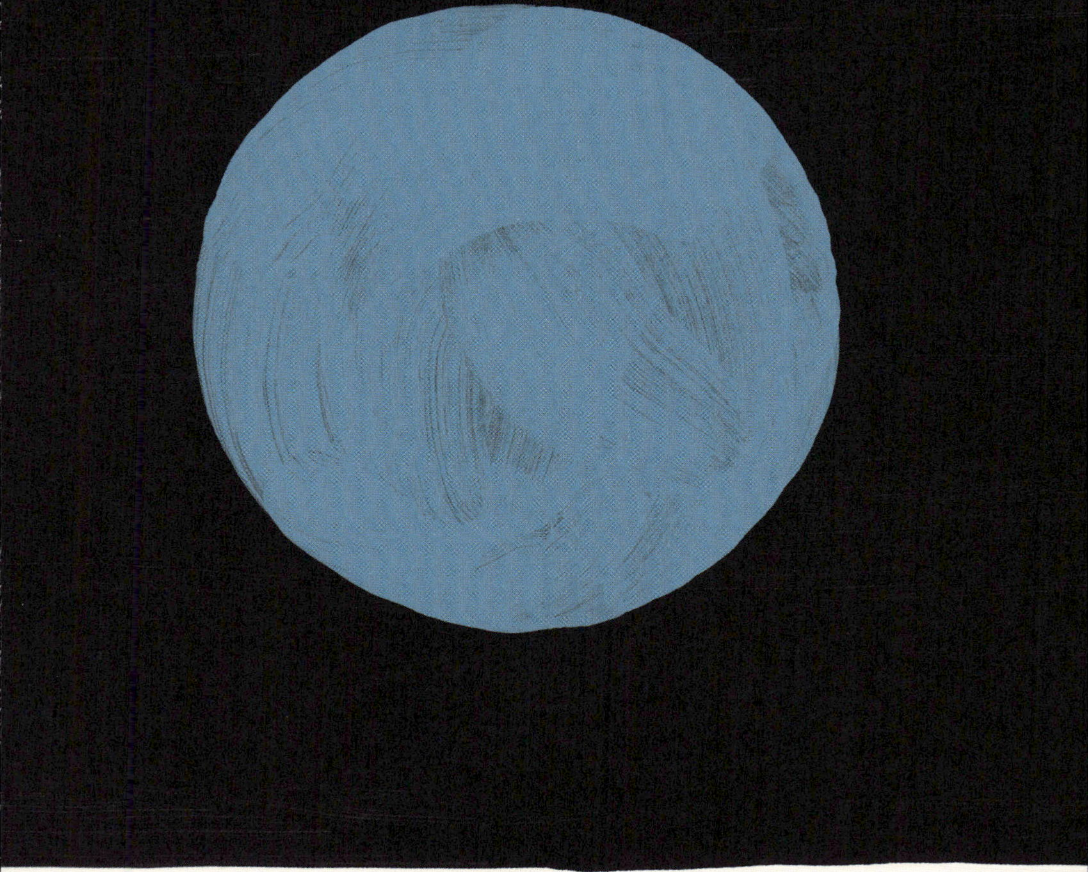

DER HIMMEL
DURCH MEIN AUGE

EIN WASSERFLECK
AUF DEM TISCH

DER SCHOKOCHIP
AUF EINEM COOKIE

AUSSEN
VON INNEN

INNEN VON AUSSEN

DIE SONNE HINTER VORHÄNGEN

DER SCHATTEN IN DER HITZE

EIN AUSGESCHNITTENER KREIS

EIN AUFGEKLEBTER
KREIS

EIN REIFER
PICKEL

EINE BEULE
AM KNIE

DIE GOLDENE STUNDE
DES TAGES

DIE POINTE DER GESCHICHTE

EINE ERINNERUNG
IN DEINEM KOPF

EIN TRAUM
IN MEINEM KOPF

EIN BALLON
IN DER LUFT

DIE LUFT IM BALLON

DER ANFANG
VON ETWAS

DAS ENDE
VON ETWAS

EINE MINUTE
DEINER ZEIT

DAS DETAIL,
DAS DU VERGISST

DAS GERÄUSCH IM RAUM

DAS LIED
IN MEINEM OHR

EINE WEITERE SORGE
IN MEINEM KOPF

DER BALL,
DER BEI DIR LIEGT

EINE ABGEHÄNGTE WANDUHR

EIN BESCHLAGENER WANDSPIEGEL

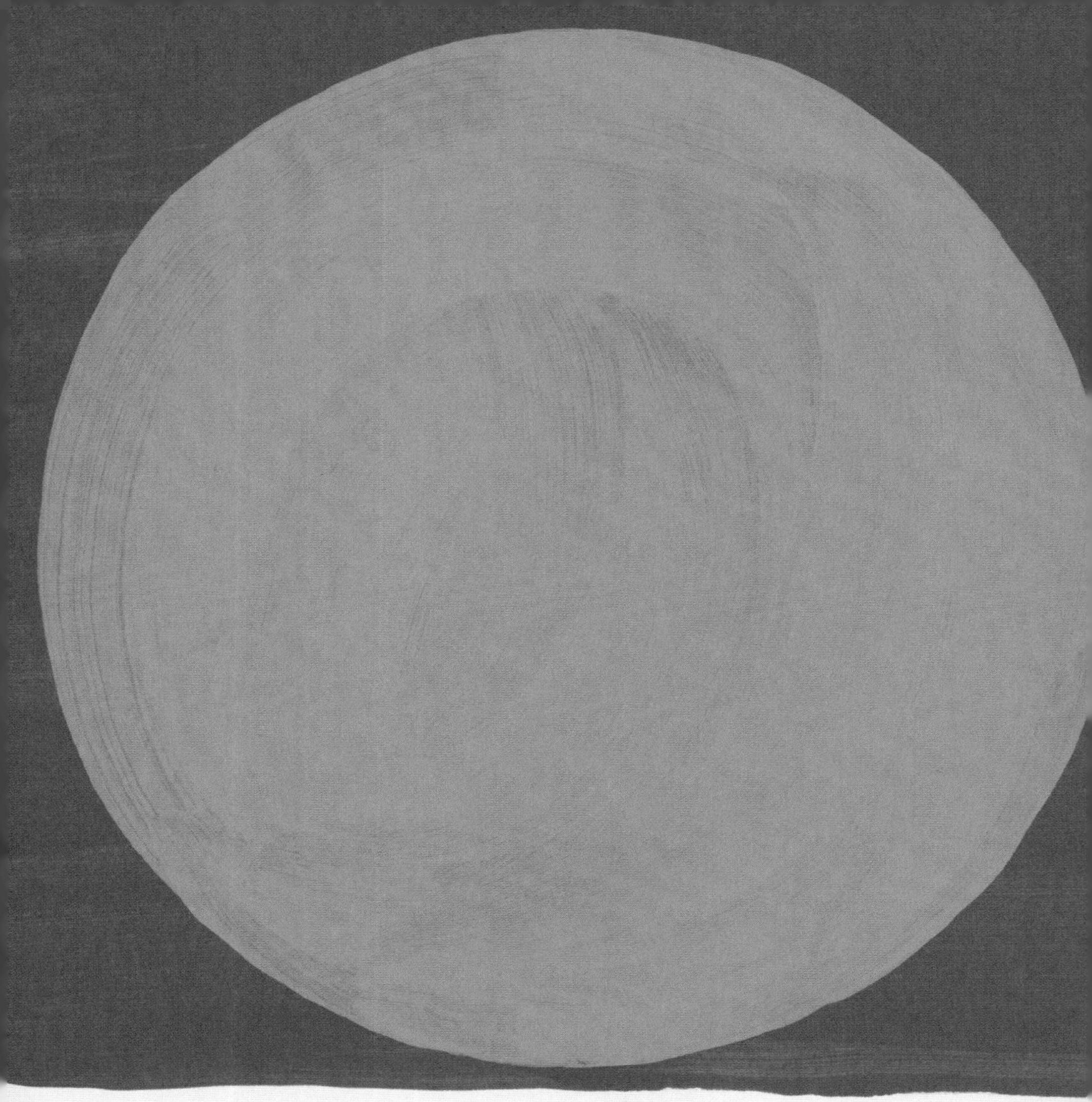

DIE SONNENSEITE

DIE KEHRSEITE

EIN GROSSER KREIS
AUF ENGEM RAUM

EIN UNSICHTBARER KREIS AUF DIESER SEITE

FÜR REMY CHARLIP UND
RUTH KRAUSS, DEREN BUCH
A MOON OR A BUTTON EINE
INSPIRATION FÜR DIESES WAR.